AF330401

LE
DUC DE BORDEAUX
ET
LA FRANCE.

PAR J.-M. DARGAUD.

(EXTRAIT DU BIEN PUBLIC.)

PARIS,

LEDOYEN, PALAIS-ROYAL,

Galerie d'Orléans, 31.

—

1844.

Imprimerie Schneider et Langrand, 1, rue d'Erfurth.

AVANT-PROPOS DU BIEN PUBLIC.

Nous avons dit notre impression (1) sur la présence du duc de Bordeaux à Londres. Nous avons été assez heureux pour que notre appréciation de ce fait, loyale envers le pays et respectueuse envers l'infortune, trouvât un assentiment unanime dans les organes de toutes les opinions en France. Il n'y avait point de politique dans cet article ;

(1) Voir dans le *Bien public* (12 novembre 1843) un article de M. de Lamartine signé **, comme tous les articles de l'illustre écrivain et comme cet avant-propos.

il n'y avait que de la justice et de la sensibi-
lité pour les vicissitudes de la vie des rois.
Plaindre un enfant tombé à terre par une
secousse de trône, et qui brise sa couronne
et sa destinée en tombant, ce n'est pas être
faible, ce n'est pas être factieux, c'est être
homme.

Un de nos amis, homme d'un talent élevé
et philosophique, et d'un style qui grave en
pensant, M. Dargaud, nous adresse, sur le
même sujet, un article trop remarquable
pour que nous en privions nos lecteurs, qui
sont aussi ses compatriotes.

M. Dargaud voit autrement que nous,
parce qu'il se place à un autre point de vue.
A chacun son aspect particulier des choses.
Aux grandes intelligences comme la sienne,
les horizons sont larges et divers. On verra
en quoi nous différons peut-être. Ce n'est
du moins ni en sincérité de patriotisme ni
en convenance de sentiment. La France est

logique : oui, elle sait que les idées entraî-
nent les hommes dans leur chute ; mais
avant tout la France est généreuse. C'est la
nation de l'Europe qui a le plus de cœur :
gardons-nous de le lui dessécher. En lui
ôtant sa générosité, nous lui retrancherions
son caractère. Ce ne peut être la pensée de
M. Dargaud, car il est de ceux qui veulent
fortifier la démocratie par des vertus et non
par des rigueurs.

⁎⁎

Voici l'article de M. Dargaud.

LE
DUC DE BORDEAUX

ET

LA FRANCE.

———

L'Angleterre nous offre depuis quelque temps un spectacle bien digne de toute l'attention du publiciste et du philosophe.

Un jeune homme qu'environnent tous les prestiges de l'âge, de l'exil , de la naissance ; le chef de cette maison de Bourbon, la plus antique et la plus illustre des races royales ; le fils aîné de la monarchie et de l'Église ; un prince découronné dès le berceau et puni pour les fautes de ses pères par la proscription, comme Louis XVI le fut par l'échafaud ; un rejeton de saint Louis, de Henri IV et de Louis XIV ; enfin, le plus noble représentant de la légitimité dans le monde, appelle à lui tous ses amis de France. Le pays et le gouvernement regardent sans inquiétude ces pèlerinages de la fidélité. Une petite France se rallie, sur le rivage étranger, autour du nouveau Béarnais, qui, fier de sa cour improvisée, contemple avec des élans d'espérance cette généreuse nation qu'il croit son héritage, et que le vertige de son aïeul lui a enlevée. Ce prétendant, salué par l'éloquence d'O'Connell, l'organe du catholicisme ; ce glorieux jeune homme, désigné de loin par

un vieillard homérique ; ce Bourbon, avec
son épée, son droit, son Dieu ; toute cette
noblesse qui s'empresse, tant de souvenirs,
tant de regrets, tant de vœux ; de si grands
noms, les Montmorency, les la Rochefou-
cauld, les Lévi, les Clermont-Tonnerre, les
Fitz-James ; un si grand orateur, Berryer ;
un si grand homme, Chateaubriand ; tous
ces courtisans du malheur, toutes ces pom-
pes, tous ces orgueils, toutes ces vertus,
tous ces préjugés, plaisent sans doute à
notre imagination, mais ne sauraient sé-
duire notre raison.

Cela, certes, est bien poétique et bien
peu politique, avouons-le. C'est une au-
guste, une pathétique scène de famille et
de chevalerie ; mais est-ce de l'histoire
moderne ?

La France ne veut plus du passé, et voilà

pourquoi elle est bienveillante dans sa force. Le gouvernement est sûr des instincts de la France, et voilà pourquoi il devra rester tolérant et désarmé.

Nous n'admettons pas le duc de Bordeaux, pour ne point subir son principe. Nous ne sommes pas les hommes de la légitimité, mais de la liberté ; ni du privilége, mais de l'égalité. Nous préférons au drapeau d'une maison le drapeau de la France. Nous sommes la révolution, nous ne sommes pas la contre-révolution ; nous ne nous appelons pas aristocratie, nous nous appelons démocratie.

Voyez et jugez.

Quel est le peuple du duc de Bordeaux ? De l'autre côté du détroit la noblesse, et de ce côté-ci le haut clergé catholique. Voilà le peuple qui appartient au duc de

Bordeaux, et à qui le duc de Bordeaux appartient.

Mais cette grande nation de trente millions d'âmes, la nation de l'assemblée constituante, la nation d'Arcole et d'Austerlitz, elle n'appartient à personne. Elle s'est affranchie même de la gloire. Combien plus vite elle s'affranchirait du privilége! Et, nous le demandons, qui est le duc de Bordeaux, sinon le prince de la noblesse, le prince des gentilshommes? Il viendrait avec la liberté, qu'il ne serait pas reçu parmi nous, car il ne viendra jamais avec l'égalité. Il le voudrait, qu'il ne le pourrait pas. Non, il ne pourrait pas répudier son principe. Son parti ferait violence à ses intentions, à ses lumières. Ses amis naturels lui imposeraient, et par lui imposeraient à la France l'inégalité. Tel est le principe dont les ancêtres du duc de Bordeaux ont vécu durant des siècles ; lui en mourra peut-être. Cela est triste à dire , et nous en sommes ému jusqu'au fond du cœur. Ce principe du passé est pesant comme la fatalité antique. Il accable ceux qui le portent. D'autres se sont débattus sous cette fatalité, et ils y ont succombé. Les Stuarts sont morts prétendants, le duc de Reischtadt est mort prétendant, des impatiences et des douleurs de cette terrible situation.

Nous sommes parmi les adversaires du duc de Bordeaux, nous ne sommes pas de ses ennemis. Nous le plaignons et nous l'honorons. Il serait beau à lui de vivre, de ne pas tenter le jeu sanglant des guerres civiles, de ne pas lutter avec l'impossible. Puisse-t-il être plus qu'un prince, puisse-t-il être un homme ! Il n'y a que du hasard à être un prince , il y a du mérite à être un homme. Il y a de l'héroïsme à se

résigner. Que le duc de Bordeaux se rési-
gne. La France a usé de son droit, du droit
de refaire sa constitution violée et de se
choisir une dynastie. La France est souve-
raine. Elle est pleine de piété pour le duc
de Bordeaux, ce symbole innocent d'un
passé coupable. Elle est touchée du rang,
de la jeunesse, du courage, d'une destinée
si tragique. Mais les principes sont inflexi-
bles. Le principe du duc de Bordeaux et le
principe de la France se repoussent Que le
duc de Bordeaux et la France vivent donc
loin l'un de l'autre jusqu'au jour où les
passions éteintes permettront à la France
de recueillir dans son sein le Bourbon exilé,
comme le plus noble de ses fils, comme le
premier de ses citoyens.

Ces bases posées, et nos réserves faites
d'une respectueuse sympathie pour tant de
grandeur et d'infortune, nous dirons : Le

duc de Bordeaux, c'est le privilége ; la France, c'est l'égalité. Que peut-il y avoir de commun entre la nation de l'égalité et le roi du privilége ?

Paris.—Imp. SCHNEIDER et LANGRAND, rue d'Erfurth, 1.